Civismo

Ser honesto

Cassie Mayer

Heinemann Library
Chicago, Illinois

© 2008 Heinemann Library
a division of Capstone Global Library, LLC
Chicago, Illinois

Customer Service 888-454-2279
Visit our website at www.heinemannraintree.com

Designed by Joanna Hinton-Malivoire
Illustrated by Mark Beech
Translation into Spanish produced by DoubleO Publishing Services

ISBN-13: 978-1-4329-0398-5 (hc)
ISBN-13: 978-1-4329-0406-7 (pb)

The Library of Congress has cataloged the first edition of this book as follows:
Mayer, Cassie.
  [Being honest. Spanish]
  Ser honesto / Cassie Mayer ; [translation into Spanish produced by DoubleOPublishing Services].
      p. cm. -- (Civismo)
  Includes index.
  ISBN 1-4329-0398-5 (hc - library binding) -- ISBN 1-4329-0406-X (pb)
  1. Honesty--Juvenile literature. I. Title.
  BJ1533.H7M3918 2008
  179'.9--dc22
                              2007029439

Contenido

Ser honesto significa decir
la verdad.

Ser honesto significa que la gente
puede confiar en ti.

Cuando devuelves algo que
no es tuyo...

estás siendo honesto.

Cuando le muestras a alguien que has hecho un desorden...

estás siendo honesto.

Cuando le dices a alguien que
cometiste un error...

estás siendo honesto.

Cuando dices "yo ya tengo mi parte"…

estás siendo honesto.

Cuando dices "ya fue mi turno"...

estás siendo honesto.

Cuando le cuentas a alguien cómo te sientes…

estás siendo honesto.

Cuando admites que te has
equivocado...

estás siendo honesto.

Es importante ser honesto.

¿Cómo puedes ser honesto?

Actividad

¿Cómo está siendo honesta esta niña?

Glosario ilustrado

admitir decir algo que te puede dar miedo contar

honesto que dice siempre la verdad

confiar creer en alguien

Índice

Nota a padres y maestros

Todos los libros de esta serie presentan ejemplos de comportamientos que demuestran civismo. Tómese tiempo para comentar cada ilustración y pida a los niños que identifiquen los comportamientos honestos que muestran. Use la pregunta de la página 21 para plantear a los estudiantes cómo pueden ser honestos en sus vidas.

El texto ha sido seleccionado con el consejo de un experto en lecto-escritura para asegurar que los principiantes puedan leer de forma independiente o con apoyo moderado. Usted puede apoyar las destrezas de lectura de no ficción de los niños ayudándolos a usar el contenido, el glosario ilustrado y el índice.